LE LUTRIN,

POËME HÉROÏ-COMIQUE

DE

BOILEAU.

LE LUTRIN,

POËME HÉROÏ-COMIQUE

DE

BOILEAU;

PUBLIÉ

PAR A.-E.-M.

Cette édition est augmentée de la vie de l'auteur et ~~ornée de deux jolies gravures~~.

PARIS,

CHEZ MASSON, LIBRAIRE, QUAI DES AUGUSTINS, N°. 19;

Et au Palais-Royal, chez tous les Marchands de nouveautés.

1822.

AVIS AU LECTEUR.

Il seroit inutile maintenant de nier que le poëme suivant a été composé à l'occasion d'un différent assez léger, qui s'émut, dans une des plus célèbres églises de Paris, entre le trésorier et le chantre. Mais c'est tout ce qu'il y a de vrai. Le reste, depuis le commencement jusqu'à la fin, est une pure fiction : et tous les personnages y sont non seulement inventés, mais j'ai eu soin même de les faire d'un caractère directement opposé au caractère de ceux qui desservent cette église, dont la plupart, et principalement les chanoines, sont tous gens, non seulement d'une fort grande probité, mais de beaucoup d'esprit, et entre lesquels il y en a tel à qui je demanderois aussi volontiers son sentiment sur mes ouvrages, qu'à beaucoup de messieurs de l'académie. Il ne faut donc pas s'étonner si personne n'a été offensé de l'impression de ce poëme, puisqu'il n'y a en effet personne qui y soit véritablement attaqué. Un prodigue ne s'avise guère de s'offenser de voir rire d'un avare, ni un dévot de voir tourner en ridicule un libertin.

Je ne dirai point comment je fus engagé à travailler à cette bagatelle sur une espèce de défi qui me fut fait en riant par feu M. le premier président de Lamoignon, qui est celui que j'y peins sous le nom d'Ariste. Ce détail, à mon avis, n'est pas fort nécessaire. Mais je croirois me faire un trop grand tort si je laissois échapper cette occasion d'apprendre à ceux qui l'ignorent, que ce grand personnage, durant sa vie, m'a honoré de son amitié. Je commençai à le connoître dans le temps que mes satires faisoient le plus de bruit; et l'accès obligeant qu'il me donna dans son illustre maison fit avantageusement mon apologie contre ceux qui vouloient m'accuser alors de libertinage et de mauvaises mœurs. C'étoit un homme d'un savoir étonnant, et passionné admirateur de tous les bons livres de l'antiquité; et c'est ce qui lui fit plus aisément souffrir mes ouvrages, où il crut entrevoir quelque goût des anciens. Comme sa piété était sincère, elle étoit aussi fort gaie, et n'avoit rien d'embarrassant. Il ne s'effraya point du nom de satire que portoient ces ouvrages, où il ne vit en effet que des vers et des auteurs attaqués. Il me loua même plusieurs fois d'avoir purgé, pour ainsi dire, ce genre de poésie de la saleté qui lui avoit été jusqu'alors comme affectée. J'eus donc le bonheur de ne lui être pas désagréable. Il m'appela à tous ses plaisirs et à tous ses divertissements; c'est-à-dire à ses lectures et à ses promenades. Il me favorisa même quelquefois de sa plus étroite confidence, et me fit voir à fond son âme entière. Et que n'y vis-je point! quel trésor surprenant de probité et de justice! quel fond inépuisable de piété et de zèle! Bien que sa vertu jetât un fort grand éclat au dehors, c'étoit toute autre chose au-dedans; et on voyoit bien qu'il avoit soin d'en tempérer les rayons, pour ne pas blesser les yeux d'un siècle aussi corrompu que le nôtre. Je fus sincèrement épris de tant de qualités admirables; et s'il eut beaucoup de bonne volonté pour moi, j'eus aussi pour lui une très-forte attache. Les soins que je lui rendis ne furent mêlés d'aucune raison d'intérêt mercenaire; et je songeai bien plus à profiter de sa conversation que de son crédit. Il mourut dans le temps que cette amitié étoit en son plus haut point; et le souvenir de sa perte m'afflige encore tous les jours. Pourquoi faut-il que des hommes si dignes de vivre soient sitôt enlevés du monde, tandis que des misérables et des gens de rien arrivent à une extrême vieillesse! Je ne m'étendrai pas davantage sur un sujet si triste: car je sens bien que si je continuois à en parler, je ne pourrois m'empêcher de mouiller peut-être de larmes la préface d'un ouvrage de pure plaisanterie.

VIE

DE BOILEAU DESPRÉAUX.

Nicolas Boileau Despréaux naquit le premier novembre 1636. Il a souvent parlé de son âge comme s'il étoit né en 1637; il en usoit ainsi pour se conformer à ce qu'il avait dit un jour à Louis XIV : « Je suis né un an avant votre majesté pour annoncer les merveilles de son règne. »

Selon Louis Racine, Despréaux naquit à Crône, village près Villeneuve-Saint-Georges. Selon d'autres, il naquit à Paris, dans la maison et dans la chambre même où la satire Ménippée avoit été composée.

Il étoit le onzième enfant de Gilles Boileau, greffier du conseil de la grand'chambre. Le greffier caractérisoit ainsi trois de ses fils : « Gilot est un glorieux, Jaco un débauché; « pour Colin, c'est un bon garçon qui ne dira « jamais de mal de personne. » Or Colin est devenu le satirique Despréaux; Jacques le débauché fut chanoine, et Gilot le glorieux fut de l'académie française vingt-cinq ans avant Nicolas.

Despréaux disoit, en parlant de son frère Gilles : « J'avois un frère aîné qui faisoit des « vers. Quand il vit mes premières satires, il « en conçut une étrange jalousie : *Ce petit « drôle,* s'écrioit-il, *s'avise de faire des vers.* « Le généalogiste d'Hozier a dit de même de « son jeune frère : Ce petit coquin s'avise de « faire des généalogies. »

Le chanoine Jacques Boileau aimoit à rire et à faire rire. « Mon frère ne pouvoit man- « quer d'être docteur, disoit Despréaux ; s'il « ne l'avoit pas été de Sorbonne, il aurait pu « l'être de la comédie italienne. »

Les jésuites disoient que les solitaires de Port-Royal faisoient des souliers par pénitence : Je ne sais, répondit Jacques Boileau, s'ils ont fait de mauvais souliers ; mais je sais qu'ils vous portoient de bonnes bottes.

Pierre Boileau-Puimorin, autre frère de Despréaux, ne fit point de vers ; mais il essaya un jour d'en faire. Il s'étoit avisé de critiquer la Pucelle devant Chapelain. C'est bien à vous d'en juger, lui dit Chapelain, vous, qui ne savez pas lire. Je ne sais que trop lire, repartit Puimorin, depuis que vous faites imprimer. Puimorin fut si content de cette réponse, qu'il voulut la versifier : comme il n'en pouvoit venir à bout, Racine et Despréaux s'en chargèrent, et firent cette épigramme :

Froid, sec, dur, rude auteur, digne objet de satire,
De ne savoir pas lire oses-tu me blâmer?
Hélas! pour mes péchés, je n'ai su que trop lire
Depuis que tu fais imprimer.

Despréaux disoit, en parlant de Puimorin : Mon frère a une joie continue avec des redoublements.

« Despréaux fit ses premières études au « collége d'Harcourt, où il achevoit sa qua- « trième lorsqu'il fut attaqué de la pierre. Il « fallut le tailler; et l'opération, faite en ap- « parence avec beaucoup de succès, lui laissa « cependant pour tout le reste de sa vie une « très-grande incommodité. » Ainsi s'exprime M. de Boze. Louis Racine dit que l'opération fut très-mal faite. Depuis, on a raconté que Despréaux avoit essuyé dans son enfance un autre accident, auquel Helvétius attribue *la disette de sentiments* qu'il prétend remarquer *dans tous les ouvrages de ce poëte*. De là, ajoute Helvétius, la satire contre les Femmes, l'antipathie pour Quinault et pour toutes les poésies galantes, la satire sur l'Équivoque, l'admiration pour Arnauld, et l'épître sur l'Amour de Dieu. Nous ne pouvons pas être tentés de réfuter sérieusement tant de conséquences, si rapidement déduites d'un fait fort peu avéré.

« Dès qu'il fut en état de reprendre ses « exercices, continue de Boze, il alla en

« troisième au collége de Beauvais, sous M.
« Sevin, qui enseignoit cette classe depuis près
« de cinquante ans, et qui passoit pour
« l'homme du monde qui jugeoit le mieux de
« l'esprit des jeunes gens.... Il reconnut dans
« son nouveau disciple un talent extraordi-
« naire pour les vers, et crut pouvoir assurer
« sans restrictions qu'il se feroit par là un
« nom fameux. »

Le jeune Despréaux passoit les nuits et les jours à lire des poésies et des romans. Il commença, au collége, une tragédie, dont la première scène étoit une querelle entre trois géants. Le roi Grifalar, autre géant, survenoit pour les apaiser :

Géants, arrêtez-vous ;
Gardez pour l'ennemi la fureur de vos coups.

De toute ma tragédie, disoit Despréaux, je n'ai retenu que ces trois hémistiches qui ne sont pas mal tournés : Boyer n'en a jamais fait de si bons.

La jeunesse de Despréaux ne fut pas très-heureuse : il avoit perdu sa mère dès 1637. On lui donna pour logement dans la maison paternelle une guérite au-dessus du grenier, et, quelque temps après, on l'en fit dessendre pour le loger dans le grenier même ; ce qui lui faisoit dire qu'il avoit commencé sa fortune par descendre au grenier. Il ajoutoit que si on lui offroit de renaître aux conditions onéreuses de sa première jeunesse, il n'y pourroit consentir... « Peut-on, disoit-il, ne pas regarder comme « un grand malheur le chagrin continuel et « particulier à cet âge de ne jamais faire sa « volonté ?.... Qu'importe qu'on connoisse le « prix de ces chaînes quand on les a secouées, « si l'on n'en sent que le poids quand on les « porte? Au surplus, ajoutoit-il, il seroit diffi- « cile de savoir quel est le meilleur temps de la « vie : on peut seulement dire que ce n'est « presque jamais celui qui s'écoule au moment « où l'on fait cette question. »

Il fit comme un autre ce qu'on appeloit un cours de philosophie, et en rapporta le seul fruit qu'un bon esprit pût retirer d'un tel genre d'études, un profond mépris pour la scolastique. Cependant on le destinoit au barreau; il fut condamné à étudier en droit; il fut même reçu avocat le 4 décembre 1656.

« M. Dongois, son beau-frère, greffier du « parlement, l'avoit pris chez lui pour le for- « mer à la procédure. Ce M. Dongois avoit un « arrêt à dresser dans une affaire importante. « Il le composoit avec enthousiasme, et le « dictoit à Despréaux avec emphase. Quand « il eut fini, il dit à son scribe de lui en faire « la lecture; et comme le scribe ne répondoit « pas, M. Dongois s'aperçut qu'il s'étoit en- « dormi, et avoit à peine écrit quelques mots « de ce chef-d'œuvre. Outré d'indignation, « le greffier renvoya Despréaux, en assurant

« que ce jeune homme, sans émulation, sans « ressort, et presque sans instinct, ne seroit « qu'un sot le reste de sa vie. » Dalembert.

Il convient de remarquer ici que c'est Boileau-Puimorin, et non Despréaux, que Racine père et Racine fils font figurer dans l'aventure que vient de raconter Dalembert. *J'étois accablé de sommeil*, écrit Racine père à Despréaux, *à peu près comme étoit M. Puimorin en écrivant ce bel arrêt sous M. Dongois.* « M. Dongois « (ajoute Racine le fils dans une note) étant « obligé de passer la nuit à dresser le disposi- « tif d'un arrêt, le dictoit à M. Puimorin, frère « de Boileau; et M. Puimorin écrivoit si « promptement, que M. Dongois étoit étonné « que ce jeune homme eût tant de dispositions « pour la pratique. Après avoir dicté pendant « deux heures, il voulut lire l'arrêt, et trouva « que le jeune Puimorin n'avoit écrit que le « dernier mot de chaque phrase. »

Peut-être en étoit-il arrivé autant à Despréaux lui-même.

Despréaux n'estimoit pas plus les déclamations des avocats et les harangues des magistrats, que les formules des greffiers. Conversant un jour avec l'avocat général de Harlay, il louoit Virgile de ne dire jamais rien de trop : Je ne me serois pas douté, dit Harlay, que ce fût là un si grand mérite. Si grand, repartit Boileau, que c'est celui qui manque à toutes vos harangues.

Ayant conçu pour le barreau une répugnance invincible, Boileau s'avisa d'aller faire un cours de théologie en Sorbonne. Ce nouveau genre d'étude, qu'il ne trouva guère plus aimable, lui valut pourtant un bénéfice, le prieuré de Saint-Paterne, qui rapportoit par an huit cents livres. Il le garda huit ou neuf ans, et le rendit avec tous les fruits qu'il en avoit perçus. Cette restitution servit, dit-on, à doter sa maîtresse qui se faisoit religieuse, la demoiselle Marie Poncher de Bretouville.

Après avoir renoncé au greffe, au barreau, à la Sorbonne, aux bénéfices, et même aux maîtresses, Boileau se livra tout entier à la poésie.

Les occupations littéraires de Boileau ne l'empêchèrent jamais de cultiver ses amis, et de porter dans les sociétés une humeur enjouée, un esprit aimable. Il étoit fort exact aux rendez-vous. « Je ne me fais jamais attendre, disoit-il, parce que j'ai remarqué que les défauts d'un homme se présentent toujours aux yeux de celui qui l'attend. »

Dans une maison où se trouvoit Despréaux, une demoiselle dansa, chanta, joua du clavecin; et comme elle n'excelloit ni au clavecin, ni dans le chant, ni dans la danse, il lui dit: « On vous a tout appris, mademoiselle, hormis à plaire; et c'est pourtant ce que vous savez le mieux. »

« Despréaux, dit madame de Sévigné, a

« été avec Gourville voir M. le Prince : M. le « Prince l'envoya voir son armée. Eh bien ! « qu'en dites vous? dit M. le Prince. Mon- « seigneur, dit Despréaux, je crois qu'elle « sera fort bonne quand elle sera majeure. « C'est que le plus âgé n'a pas dix-huit ans. »

Il étoit question d'un homme qui parloit fort lentement. « Le oui et le non, dit Boileau, « sont des périodes dans sa bouche. »

L'avocat Fourcroi qui avoit des poumons redoutables, disputoit contre Molière en présence de Boileau ; celui-ci, se tournant vers Molière, lui dit : « Qu'est-ce que la raison « avec un filet de voix contre une gueule « comme celle-là ? »

Le libraire Barbin possédoit une maison de campagne très-ornée et très-petite, dans laquelle il avoit un jour rassemblé beaucoup trop de monde. Boileau voulut partir aussitôt après le dîner. — Mais, où allez-vous donc si vite ? lui dit Barbin. — Je m'en vais prendre l'air à Paris.

Boileau s'est quelquefois moqué de certains hommes qui, disoit-il, s'imaginent ne pas croire en Dieu, et sont faits pour croire aux revenants, aux légendes et aux bulles.

Madame de Sévigné a dit de Boileau qu'il n'étoit cruel qu'en vers. Il se dépeignoit lui-même comme un homme doux et candide, n'ayant *ni griffes ni ongles*. Sa vie est pleine de bonnes actions et de traits généreux.

Quelques seigneurs lui ayant raconté que, dans une débauche, ils avoient envoyé chercher un apothicaire, lui avoient administré de force un remède presque bouillant, et l'avoient ensuite contraint de danser; Despréaux, indigné d'une méchanceté si grossière, leur en fit tant de honte, que l'un deux envoya sur l'heure trente pistoles au malheureux pharmacien.

Boileau avoit prêté neuf mille livres à un de ses neveux, et ce débiteur ne fut ni reconnaissant ni exact. Le poëte lui abandonna deux mille livres sur les neuf, et dit: « Si j'eusse « été content de lui, je lui eusse volontiers « cédé la somme entière: car aussi bien il « m'avoit accoutumé à m'en passer. »

» Le célèbre M. Patru, dit de Boze, se « trouvoit, à la honte de son siècle, réduit à « vendre ses livres, la plus agréable, et presque « la seule chose qui lui restoit. M. Despréaux « apprit qu'il étoit sur le point de les donner « pour une somme assez modique, et il alla « aussitôt lui offrir près d'un tiers davan- « tage; mais, l'argent compté, il mit dans son « marché une nouvelle condition qui étonna « M. Patru; ce fut qu'il garderoit ses livres « comme auparavant, et que sa bibliothèque « ne seroit qu'en survivance à M. Despréaux. « Il ne fut pas moins généreux envers M. « Cassandre, auteur d'une excellente traduc- « tion de la Rhétorique d'Aristote; et sa

« bourse fut encore ouverte à beaucoup d'au-
« tres : car la vue d'un homme de lettres qui
« étoit dans le besoin lui faisoit tant de peine,
« qu'il ne pouvoit s'empêcher de prêter de
« l'argent, même à Linière, qui souvent alloit
« du même pas au premier endroit du voisi-
« nage faire une chanson contre son créan-
cier. »

« Après la mort de Colbert, dit Dalembert, « la pension qu'il avoit fait donner à Corneille fut supprimée, quoique ce grand homme fût pauvre, âgé, malade et mourant. Despréaux courut chez le roi pour l'engager à rétablir cette pension. Il offrit le sacrifice de celle dont il jouissoit lui-même, disant qu'il ne pouvoit, sans honte, recevoir une pension de sa majesté, tandis qu'un homme tel que Corneille en étoit privé. Le roi envoya deux cents louis à Corneille, et ce fut un parent de Despréaux qui les porta. Les jésuites nièrent cet acte de bienfaisance du poëte, et ils l'attribuèrent au père de La Chaise : mais ils sont les seuls qui en aient fait honneur à leur confrère. Le témoignage de Boursault, qui rapporte le fait dans ses lettres, et qui n'aimoit pas Despréaux, suffit pour les réfuter. »

« Despréaux, dit Dalembert, ne prenoit qu'une part très-légère aux querelles sur la grâce; et l'exclamation de notre poëte à ce sujet, Que Dieu est grand, et que les hommes sont fous! devrait être le refrein ordinaire des hommes sensés, lorsqu'ils daignent parler de ces controverses. Des-« préaux avouoit qu'il avoit été un moment « assez *fou* lui-même pour vouloir prendre « quelque parti sur ce sujet, mais qu'il n'avoit « jamais pu se fixer là-dessus à une opinion qui « lui parût *avoir le sens commun* : c'étoient « ses propres expressions. »

Il avoit conçu pour les Lettres provinciales de Pascal l'estime et l'admiration que leur doit tout littérateur éclairé. Madame de Sévigné, dans une lettre du 15 janvier 1690, parle d'un dîner chez M. de Lamoignon, où se trouvoient Bourdaloue, un autre jésuite, Despréaux, Corbinelli. Il fut question des anciens et des modernes. « Despréaux soutint « les anciens, à la réserve d'un seul moderne « qui surpasse, à son goût, et les vieux et les « nouveaux. Le compagnon de Bourdaloue « qui faisoit l'entendu.... demanda quel étoit « donc ce livre si distingué. Boileau ne voulut « pas le lui dire. Corbinelli se joint au jésuite, « et conjure Despréaux de nommer ce livre, « afin de le lire toute la nuit. Despréaux lui « répondit en souriant : — Ah! monsieur, vous « l'avez lu plus d'une fois..... Le jésuite « reprend.... et presse Despréaux de nommer « cet auteur si merveilleux. — Mon père, ne « me pressez point. Le père continue. « Enfin Despréaux le prend par le bras, et le

« serrant bien fort, lui dit : —Mon père, vous « le voulez, eh bien ! morbleu, c'est Pascal. « —Pascal ! lui dit le père, tout rouge.... Pascal « est beau autant que le faux peut l'être. —Le « faux ! dit Despréaux, le faux ! sachez qu'il « est aussi vrai qu'il est inimitable ; on vient « de le traduire en trois langues, etc.... »

C'étoit surtout devant les jésuites que Boileau aimoit à rendre hommage aux Lettres provinciales. Il s'entretenoit avec le P. Bouhours sur la difficulté de bien écrire en françois. Bouhours lui nommoit ceux de nos écrivains qu'il regardoit comme des modèles, et Boileau les rejetoit tous. —Mais quel écrivain lirons nous donc? disoit le père. —Croyez moi, répondit Boileau, lisons les Provinciales, et ne lisons pas d'autre livre.

Bouhours, dans le recueil des Pensées ingénieuses, avoit cité et loué plusieurs fois Despréaux : mais il avoit fait le même honneur à beaucoup d'auteurs médiocres : Vous m'avez mis, lui dit Despréaux, en bien mauvaise compagnie.

Le jésuite Rapin demandoit à Boileau pourquoi il n'avoit rien dit du jésuite Le Moine, auteur du poëme de Saint-Louis. Boileau, en parodiant deux vers de Corneille sur le cardinal de Richelieu, répondit :

Il s'est trop élevé pour en dire du mal,
Il s'est trop égaré pour en dire du bien.

Selon d'autres, Despréaux répondit : Je le
uve trop fou pour en dire du bien, trop
ëte pour en dire du mal.

Mallebranche parloit de sa dispute avec
rnauld sur les idées, et prétendoit qu'Ar-
uld ne l'avoit pas entendu. Eh! qui donc,
pondit Boileau, voulez-vous qui vous enten-
, si Arnauld ne vous entend pas?

Huet, évêque d'Avranches, avoit publié un
-folio intitulé : Démonstration évangélique.
Je ne trouve rien de démontré dans cet
uvrage, disoit Boileau, sinon la grande éru-
ition de l'auteur.

Dalembert raconte, d'après le témoignage
e Falconnet, qui avoit fort connu Despréaux,
es anecdotes suivantes :

« Despréaux observoit avec raison que les
« faux thaumaturges avoient très-rarement
« tenté l'opération critique de la résurrection
» des morts. Quelques-uns néanmoins, disoit-
« il, en ont eu la hardiesse, entre autres le
« fameux Apollonius de Thyane, qui, si nous
« en croyons les historiens, ressuscita publi-
« quement, aux yeux de toute la ville de Rome,
« du temps de Néron, une jeune fille qu'on
« portoit en terre. Mais les historiens ecclé-
« siastiques, ajoutoit Despréaux, ont soin de
« nous avertir (ce qui n'est pas difficile à
« croire) que cette jeune fille n'étoit pas
« morte, qu'elle étoit seulement évanouie, etc.
« Un prodige plus difficile encore que la

« résurrection, disoit aussi notre poëte, et « par cette raison plus rare dans l'histoire « des faux miracles, c'est celui de remettre « les membres coupés.

« Le peu de goût de ce grand poëte pour « les jésuites s'étendoit sur tous les moines, « auxquels il n'épargnoit pas les sarcasmes « dans l'occasion. Ayant passé à Cîteaux, il y « fut très-bien reçu par les habitans de cette « abbaye, qui lui firent voir tout leur couvent. « L'un d'eux le pria de leur montrer le lieu « où logeait la Mollesse, comme il l'avoit dit « dans son lutrin. — Montrez-là moi vous-« mêmes, mes Pères, leur répondit-il; car c'est « vous qui la tenez cachée avec grand soin. »

Les jésuites du dix-huitième siècle, et spécialement les journalistes de Trevoux, ont souvent saisi ou cherché les occasions de déprécier Despréaux. Par exemple, dans leur journal d'octobre 1733, en rendant compte du traité du Sublime de Silvain, ouvrage dédié à Boileau, ils assurent (pag 1826) que ce poëte avait eu l'intention de faire hommage de son épître III à leur révérend père Ferrier, confesseur du roi; mais que cet illustre jésuite, auteur d'un traité de la *Science Moyenne*, et de plusieurs écrits contre les jansénistes, étant mort avant l'impression de l'épître, *elle fut adressée au fameux M. Arnauld. Par-là*, ajoutent-ils, *il est aisé de juger que si M. Despréaux entretint avec constance l'ami-*

é de ce docteur, elle n'avoit point commencé ar un trait de cette vertu. Ils tiennent, isent ils, cette *petite anecdote d'une personne digne de foi,* qu'ils s'abstiennent de nommer.

Despréaux n'étoit point encore académicien en 1683, après avoir publié neuf satires, neuf épîtres, et, depuis près de dix ans, l'Art poétique et les quatre premiers chants du Lutrin. Louis XIV lui demanda un jour s'il étoit membre de cette compagnie; il répondit : « Je n'en suis pas digne. » — Je veux, dit le roi, que vous en soyez. Il en fut en 1684.

« Le libraire Coignard m'a apporté, disoit « Boileau, le recueil des pièces qui ont rem- « porté les prix à l'académie françoise; je ne « sais où est ce volume; mon laquais aura cru « que c'était un livre pour lui; il a deviné « que je ne le lirois pas : je n'aime point à « bâiller. » Il parloit sur le même ton des oraisons funèbres. « Je fais toujours semblant « de les louer, disoit-il : j'aime mieux les louer « que les lire. »

Furetière, exclu de l'académie françoise pour avoir fait plus vite qu'elle un dictionnaire, mourut en 1688. On délibéra dans l'académie si l'on feroit prier Dieu pour le repos de son âme. « Messieurs, dit Boileau, il faut « considérer ici Dieu, le public et l'académie. « Dieu vous saura gré de sacrifier votre res- « sentiment. Il vous sera glorieux devant le fau-

« public de ne pas poursuivre votre ennemi « au-delà du tombeau. Il seroit digne enfin « de l'académie de ne pas refuser une messe « à un ancien confrère, et de ne pas envier à « un chrétien les ressources qu'offre l'église « pour apaiser le courroux du ciel. »

En 1706, lorsqu'il fut question d'élire le marquis de Saint-Aulaire, Despréaux annonça que, pour donner une boule noire à ce candidat, il viendroit exprès d'Auteuil à l'académie, où il ne paroissoit plus depuis long-temps. « Je ne lui conteste pas, disoit-il, ses titres « de noblesse, mais ses titres au Parnasse. » Ce marquis avoit pourtant fait quelques vers; mais le satirique les appeloit de malheureux vers d'amateurs, contraires au bon goût, et quelquefois aux bonnes mœurs. « Et quant à « vous, ajoutoit-il, qui trouvez ces vers-là si « bons, vous me ferez beaucoup d'honneur « et de plaisir de trouver les miens détesta- « bles. » Ces paroles s'adressoient à l'abbé de Lavau, académicien, protecteur de Saint-Aulaire. Voltaire racontoit que cet abbé, pour mieux soutenir son client, offrit d'apporter à la séance suivante une pièce où l'on verroit le talent de Saint-Aulaire briller de toute sa splendeur; que Despréaux, de son côté, promit de prouver aussi, papier sur table, l'incurable médiocrité du candidat; que les deux académiciens vinrent en effet, munis chacun d'une pièce justificative, et que, de part et d'autre, la pièce se trouva précisément la même. Dalembert, qui révoque en doute cette anecdote, prétend d'ailleurs que Despréaux se vengeoit, en cette circonstance, de quelques vers attribués au marquis, et dirigés d'une manière générale contre les satiriques. Il est difficile que Boileau eût conservé tant de colère contre des vers d'une telle innocence. Mais s'il est vrai qu'il n'ait repoussé Saint-Aulaire que pour favoriser Mimeure, autre poëte de la cour, Dalembert a raison de dire que ce n'étoit pas la peine d'afficher tant de rigueur pour finir par tant de complaisance. Le même Dalembert rapporte que, le 20 mars 1710, quand le premier président, Antoine de Mesmes, fut reçu à l'académie françoise, Despréaux lui dit : « Je viens à vous, monsieur, « pour que vous me félicitiez d'avoir pour « confrère un homme tel que vous. » On doit avouer que ce compliment n'étoit pas très-mérité.

Boileau avoit conçu, comme l'abbé de Saint-Pierre, un projet pour rendre utile l'académie françoise. Ses idées sur ce sujet nous ont été conservées par d'Olivet.

« Quoi, disoit Boileau, l'académie ne « voudra-t-elle jamais connoître ses forces? « Toujours bornée à son dictionnaire, quand « donc prendra-t-elle l'essor? Je voudrois « que la France pût avoir ses auteurs classiques « aussi bien que l'Italie. Pour cela il nous

« droit un certain de nombre livres qui fussent
« déclarés exempts de fautes quant au style.
« Quel est le tribunal qui aura droit de pro-
« noncer là-dessus, si ce n'est l'académie?
« Je voudrois qu'elle prît d'abord le peu que
« nous avons de bonnes traductions, qu'elle
« invitât ceux qui ont ce talent à en faire de
« nouvelles, et que, si elle ne jugeoit pas à
« propos de corriger tout ce qu'elle y trou-
« veroit d'équivoque, de hasardé, de négligé,
« elle fût du moins exacte à le marquer au bas
« des pages, dans une espèce de dictionnaire
« qui ne fût que grammatical. Mais pourquoi
« veux-je que cela se fasse sur des traduc-
« tions? parce que des traductions avouées
« par l'académie, en même temps qu'elles
« seroient lues comme des modèles pour bien
« écrire, serviroient aussi de modèles pour
« bien penser, et rendroient le goût de la
« bonne antiquité familier à ceux qui ne sont
« pas en état de lire les originaux. Ce n'est pas
« l'esprit qui manque aux François, ni même
« le travail, c'est le goût; et il n'y a que le
« goût ancien qui puisse former parmi nous
« des auteurs et des connoisseurs. » Hist. de
l'Acad. franç., tom. 2, pag. 122.

Boileau proposoit d'employer l'académie françoise et les presses du Louvre à donner de bonnes éditions des livres classiques françois. (Voyez le Dictionnaire philosophique de Voltaire, au mot *Société royale de Londres.*)

Terminons cet article par un trait que cite Dalembert, secrétaire perpétuel de l'académie françoise. « Despréaux, dit-il, trouvoit que « l'emblème qui convenoit le mieux à cette « académie, étoit une troupe de singes se « mirant dans une fontaine, avec ces mots : « *Sibi pulchri.* »

Peu après son entrée dans cette compagnie, Boileau devint aussi membre de l'académie des inscriptions, qui s'appeloit alors l'académie des médailles, ou la petite académie, et qui n'étoit encore composée que de quelques hommes de lettres, déjà membres de l'académie françoise. Le réglement de 1701, qui donna une nouvelle forme à l'académie des inscriptions, y maintint Boileau avec la qualité de pensionnaire.

Quoique Boileau ait vécu près de soixante-quinze ans, sa santé, presque toujours chancelante, occupa trop souvent les médecins. Après avoir eu la pierre, et subi l'opération de la taille dans son enfance, il éprouva dans l'âge viril une extinction de voix, pour laquelle il fut envoyé aux eaux de Bourbon en 1685 ou plutôt 87. Sa poitrine resta délicate, ses yeux s'affoiblirent, et il perdit par degrés le sens de l'ouïe. Sa surdité étoit presque entière en 1706, époque où d'autres incommodités l'assiégèrent. Des tournoiements de tête, des évanouissements, une fièvre presque habituelle, des douleurs aigües ont tourmenté sa vieillesse.

Il se récréoit néanmoins à Auteuil avec un petit nombre d'amis ; et l'on raconte qu'il s'amusoit particulièrement à jouer aux quilles. « Il excelloit à ce jeu, dit Louis Racine, et « je l'ai vu souvent abattre les neuf quilles d'un « seul coup. » — « Il faut avouer, disoit Boi- « leau, que j'ai deux grands talents aussi utiles « l'un que l'autre à la société, l'un de bien « jouer aux quilles, et l'autre de bien faire « des vers. »

Un des chagrins de sa vieillesse fut la perte de sa maison d'Auteuil. Quoiqu'il n'eût aucun besoin d'argent, il la vendit à Le Verrier, qui désiroit ardemment de l'acquérir. « Vous « y serez toujours chez vous, lui disoit Le « Verrier, et j'exige que vous y conserviez « une chambre, et que vous veniez souvent « l'habiter. » Quelques jours après la vente, Boileau y retourne en effet, entre dans le jardin; et n'y trouvant plus un berceau qu'il aimoit : « Qu'est devenu *mon* berceau, s'écrie- « t-il, en appelant Antoine, le jardinier? — « Abattu par l'ordre de M. Le Verrier, « répond Antoine. — Je ne suis plus le maître « ici, reprit Boileau, qu'y viens-je faire? » Et il remonta dès l'instant même en voiture. Ce fut son dernier voyage à Auteuil.

Malgré le zèle qu'annonçoit Brossette, son futur commentateur, ce Brossette auquel il disoit : « Vous saurez bientôt votre Boileau « mieux que moi-même, » Despréaux ne laissoit pas de prendre assez de soin de ses propres ouvrages. Il avoit beau dire qu'à son âge, aux bords du tombeau, il étoit honteux de s'occuper encore de rimes, il n'en préparoit pas moins une édition complète de ses œuvres, qui eût paru en 1710, si le vieux roi, obsédé par les jésuites, n'eût défendu d'y insérer la satire contre l'Equivoque.

« C'est, disoit Despréaux à la fin de sa car-
« rière, une grande consolation pour un poëte
« qui va mourir, que de n'avoir jamais offensé
« les mœurs. »

Il mourut d'une hydropisie de poitrine, le 13 mars 1711. Durant les jours précédents, il avoit souvent répété ce vers de Malherbe :

Je suis vaincu du temps, je cède à ses outrages.

Mais il auroit pu dire avec Horace :

Exegi monumentum ære perennius....
Quod non....
Possit diruere....
Annorum series et fuga temporum.

FIN DE LA VIE.

LE LUTRIN;

POËME HÉROÏ-COMIQUE.

CHANT PREMIER.

Je chante les combats, et ce prélat terrible
Qui, par ses longs travaux et sa force invincible,
Dans une illustre église exerçant son grand cœur,
Fit placer à la fin un lutrin dans le chœur.
C'est en vain que le chantre, abusant d'un faux titre,
Deux fois l'en fit ôter par les mains du chapitre,
Ce prélat, sur le banc de son rival altier
Deux fois le reportant, l'en couvrit tout entier.
   Muse, redis-moi donc quelle ardeur de vengeance
De ces hommes sacrés rompit l'intelligence,
Et troubla si long-temps deux célèbres rivaux.
Tant de fiel entre-t-il dans l'âme des dévots!
   Et toi, fameux héros [1], dont la sage entremise
De ce schisme naissant débarrassa l'Église,
Viens d'un regard heureux animer mon projet,
Et garde-toi de rire en ce grave sujet.

---

[1] M. le premier président de Lamoignon.

Parmi les doux plaisirs d'une paix fraternelle
Paris voyoit fleurir son antique chapelle :
Ses chanoines vermeils et brillants de santé
S'engraissoient d'une longue et sainte oisiveté ;
Sans sortir de leurs lits, plus doux que leurs hermines,
Ces pieux fainéants faisoient chanter matines,
Veilloient à bien dîner, et laissoient en leur lieu
A des chantres gagés le soin de louer Dieu :
Quand la Discorde, encor toute noire de crimes,
Sortant des Cordeliers pour aller aux Minimes [1],
Avec cet air hideux qui fait frémir la Paix,
S'arrêta près d'un arbre au pied de son palais.
Là, d'un œil attentif contemplant son empire,
A l'aspect du tumulte elle-même s'admire.
Elle y voit par le coche et d'Evreux et du Mans
Accourir à grands flots ses fidèles Normands :
Elle y voit aborder le marquis, la comtesse,
Le bourgeois, le manant, le clergé, la noblesse,
Et partout des plaideurs les escadrons épars
Faire autour de Thémis flotter ses étendards.
Mais une église seule à ses yeux immobile
Garde au sein du tumulte une assiette tranquille :
Elle seule la brave ; elle seule aux procès
De ses paisibles murs veut défendre l'accès.

---

1 Il y eut de grandes brouilleries dans ces deux couvents, à l'occasion de quelques supérieurs qu'on y vouloit élire.

La Discorde, à l'aspect d'un calme qui l'offense,
Fait siffler ses serpents, s'excite à la vengeance :
Sa bouche se remplit d'un poison odieux,
Et de longs traits de feu lui sortent par les yeux.
Quoi! dit-elle d'un ton qui fit trembler les vitres,
J'aurai pu jusqu'ici brouiller tous les chapitres,
Diviser Cordeliers, Carmes et Célestins;
J'aurai fait soutenir un siége aux Augustins:
Et cette église seule, à mes ordres rebelle,
Nourrira dans son sein une paix éternelle!
Suis-je donc la Discorde? et, parmi les mortels,
Qui voudra désormais encenser mes autels [1]?
A ces mots, d'un bonnet couvrant sa tête énorme,
Elle prend d'un vieux chantre et la taille et la forme:
Elle peint de bourgeons son visage guerrier,
Et s'en va de ce pas trouver le trésorier.
Dans le réduit obscur d'une alcove enfoncée
S'élève un lit de plume à grands frais amassée:
Quatre rideaux pompeux, par un double contour,
En défendent l'entrée à la clarté du jour.
Là, parmi les douceurs d'un tranquille silence,
Règne sur le duvet une heureuse indolence:
C'est là que le prélat, muni d'un déjeuner,
Dormant d'un léger somme, attendoit le dîner.
La jeunesse en sa fleur brille sur son visage:
Son menton sur son sein descend à double étage;

---

[1] Virgile, Énéide, liv. I, v. 52.

Et son corps ramassé dans sa courte grosseur
Fait gémir les coussins sous sa molle épaisseur.
La déesse en entrant, qui voit la nappe mise,
Admire un si bel ordre, et reconnoît l'Eglise ;
Et, marchant à grand pas vers le lieu du repos,
Au prélat sommeillant elle adresse ces mots :
Tu dors, Prélat, tu dors, et là-haut à ta place
Le chantre aux yeux du chœur étale son audace,
Chante les OREMUS, fait des processions,
Et répand à grands flots les bénédictions.
Tu dors! Attends-tu donc que, sans bulle et sans titre,
Il te ravisse encor le rochet et la mitre?
Sors de ce lit oiseux qui te tient attaché,
Et renonce au repos, ou bien à l'évêché.
Elle dit, et, du vent de sa bouche profane,
Lui souffle avec ces mots l'ardeur de la chicane.
Le prélat se réveille, et, plein d'émotion,
Lui donne toutefois la bénédiction.
Tel qu'on voit un taureau qu'une guêpe en furie
A piqué dans les flancs aux dépens de sa vie ;
Le superbe animal, agité de tourments,
Exhale sa douleur en longs mugissemens :
Tel le fougueux prélat, que ce songe épouvante,
Querelle en se levant et laquais et servante ;
Et, d'un juste courroux rallumant sa vigueur,
Même avant le dîner, parle d'aller au chœur.
Le prudent Gilotin, son aumônier fidèle,
En vain par ses conseils sagement le rappelle ;

ui montre le péril ; que midi va sonner ;
u'il va faire, s'il sort, refroidir le dîner.
Quelle fureur, dit-il, quel aveugle caprice,
uand le dîner est prêt, vous appelle à l'office ?
e votre dignité soutenez mieux l'éclat :
st-ce pour travailler que vous êtes prélat ?
quoi bon ce dégoût et ce zèle inutile ?
st-il donc pour jeûner quatre-temps ou vigile ?
eprenez vos esprits, et souvenez-vous bien
u'un dîner réchauffé ne valut jamais rien.
Ainsi dit Gilotin ; et ce ministre sage
ur table, au même instant, fait servir le potage.
e prélat voit la soupe, et, plein d'un saint respect,
Demeure quelque temps muet à cet aspect.
Il cède, il dîne enfin : mais, toujours plus farouche,
Les morceaux trop hâtés se pressent dans sa bouche.
Gilotin en gémit, et, sortant de fureur,
Chez tous ses partisans va semer la terreur.
On voit courir chez lui leurs troupes éperdues,
Comme l'on voit marcher les bataillons de grues [1],
Quand le Pygmée altier, redoublant ses efforts,
De l'Hèbre [2] ou du Strymon [3] vient d'occuper les bords.

---

[1] Homère, Iliade, liv. III, v. 6.
[2] Fleuve de Thrace.
[3] Fleuve de l'ancienne Thrace.

A l'aspect imprévu de leur foule agréable,
Le prélat radouci veut se lever de table :
La couleur lui renaît, sa voix change de ton ;
Il fait par Gilotin rapporter un jambon.
Lui-même le premier, pour honorer la troupe,
D'un vin pur et vermeil il fait remplir sa coupe ;
Il l'avale d'un trait : et, chacun l'imitant,
La cruche au large ventre est vide en un instant.
Sitôt que du nectar la troupe est abreuvée,
On dessert : et soudain, la nappe étant levée,
Le prélat, d'une voix conforme à son malheur,
Leur confie en ces mots sa trop juste douleur :
  Illustres compagnons de mes longues fatigues,
Qui m'avez soutenu par vos pieuses ligues,
Et par qui, maître enfin d'un chapitre insensé,
Seul à MAGNIFICAT je me vois encensé ;
Souffrirez-vous toujours qu'un orgueilleux m'outrage;
Que le chantre à vos yeux détruise votre ouvrage,
Usurpe tous mes droits, et s'égalant à moi,
Donne à votre lutrin et le ton et la loi ?
Ce matin même encor, ce n'est point un mensonge,
Une divinité me l'a fait voir en songe;
L'insolent, s'emparant du fruit de mes travaux,
A prononcé pour moi le BENEDICAT VOS !
Oui, pour mieux m'égorger, il prend mes propres armes.
  Le prélat à ces mots verse un torrent de larmes.
Il veut, mais vainement, poursuivre son discours;
Ses sanglots redoublés en arrêtent le cours.

Le zélé Gilotin, qui prend part à sa gloire,
Pour lui rendre la voix fait apporter à boire:
Quand Sidrac, à qui l'âge allonge le chemin,
Arrive dans la chambre, un bâton à la main.
Ce vieillard dans le chœur a déjà vu quatre âges:
Il sait de tous les temps les différents usages:
Et son rare savoir, de simple marguillier [1],
L'éleva par degrés au rang de chevecier [2].
A l'aspect du prélat qui tombe en défaillance,
Il devine son mal, il se ride, il s'avance;
Et d'un ton paternel réprimant ses douleurs:
Laisse au chantre, dit-il, la tristesse et les pleurs,
Prélat; et, pour sauver tes droits et ton empire,
Écoute seulement ce que le ciel m'inspire.
Vers cet endroit du chœur où le chantre orgueilleux
Montre, assis à ta gauche, un front si sourcilleux,
Sur ce rang d'ais serrés qui forment sa clôture
Fut jadis un lutrin d'inégale structure,
Dont les flancs élargis de leur vaste contour
Ombrageoient pleinement tous les lieux d'alentour.
Derrière ce lutrin, ainsi qu'au fond d'un antre,
A peine sur son banc on discernoit le chantre:
Tandis qu'à l'autre banc le prélat radieux,
Découvert au grand jour, attiroit tous les yeux.

---

1 C'est celui qui a soin des reliques.

2 C'est celui qui a soin des chapes et de la cire.

Mais un démon, fatal à cette ample machine,
Soit qu'une main la nuit eût hâté sa ruine,
Soit qu'ainsi de tout temps l'ordonnât le destin,
Fit tomber à nos yeux le pupitre un matin.
J'eus beau prendre le ciel et le chantre à partie,
Il fallut l'emporter dans notre sacristie,
Où depuis trente hivers, sans gloire enseveli,
Il languit tout poudreux dans un honteux oubli.
Entends-moi donc, Prélat. Dès que l'ombre tranquille
Viendra d'un crêpe noir envelopper la ville,
Il faut que trois de nous, sans tumulte et sans bruit,
Partent à la faveur de la naissante nuit,
Et, du lutrin rompu réunissant la masse,
Aillent d'un zèle adroit le remettre en sa place.
Si le chantre demain ose le renverser,
Alors de cent arrêts tu peux le terrasser.
Pour soutenir tes droits, que le ciel autorise,
Abîme tout plutôt : c'est l'esprit de l'Église :
C'est par-là qu'un prélat signale sa vigueur.
Ne borne pas ta gloire à prier dans un chœur :
Ces vertus dans Aleth peuvent être en usage;
Mais dans Paris, plaidons : c'est là notre partage.
Tes bénédictions dans le trouble croissant,
Tu pourras les répandre et par vingt et par cent;
Et, pour braver le chantre en son orgueil extrême,
Les répandre à ses yeux et le bénir lui-même.

Ce discours aussitôt frappe tous les esprits;
Et le prélat charmé l'approuve par des cris.

Il veut que, sur-le-champ, dans la troupe on choisisse
Les trois que Dieu destine à ce pieux office :
Mais chacun prétend part à cet illustre emploi.
Le sort, dit le Prélat, vous servira de loi [1],
Que l'on tire au billet ceux que l'on doit élire.
Il dit, on obéit, on se presse d'écrire.
Aussitôt trente noms, sur le papier tracés,
Sont au fond d'un bonnet par billets entassés.
Pour tirer ces billets avec moins d'artifice,
Guillaume, enfant de chœur, prête sa main novice :
Son front nouveau tondu, symbole de candeur,
Rougit, en approchant, d'une honnête pudeur.
Cependant le prélat, l'œil au ciel, la main nue,
Bénit trois fois les noms, et trois fois les remue.
Il tourne le bonnet : l'enfant tire ; et Brontin
Est le premier des noms qu'apporte le destin.
Le prélat en conçoit un favorable augure,
Et ce nom dans la troupe excite un doux murmure.
On se tait ; et bientôt on voit paroître au jour
Le nom, le fameux nom du perruquier l'Amour [2].
Ce nouvel Adonis, à la blonde crinière,
Est l'unique souci d'Anne sa perruquière :

---

[1] Homère, Iliade, liv. VII, v. 171.

[2] Molière a peint le caractère de cet homme dans son *Médecin malgré lui*, à la fin de la première scène, sur ce que M. Despréaux lui en avoit dit.

Ils s'adorent l'un l'autre ; et ce couple charmant
S'unit long-temps, dit-on, avant le sacrement :
Mais, depuis trois moissons, à leur saint assemblage
L'official a joint le nom de mariage.
Ce perruquier superbe est l'effroi du quartier,
Et son courage est peint sur son visage altier.
Un des noms reste encore, et le prélat par grâce
Une dernière fois les brouille et les ressasse.
Chacun croit que son nom est le dernier des trois.
Mais que ne dis-tu point, ô puissant porte-croix,
Boirude, sacristain, cher appui de ton maître,
Lorsqu'aux yeux du prélat tu vis ton nom paroître !
On dit que ton front jaune, et ton teint sans couleur,
Perdit en ce moment son antique pâleur ;
Et que ton corps goutteux, plein d'une ardeur guerrière,
Pour sauter au plancher fit deux pas en arrière.
Chacun bénit tout haut l'arbitre des humains,
Qui remet leur bon droit en de si bonnes mains.
Aussitôt on se lève ; et l'assemblée en foule,
Avec un bruit confus, par les portes s'écoule.
  Le prélat resté seul calme un peu son dépit,
Et jusques au souper se couche et s'assoupit.

CHANT SECOND.

CEPENDANT cet oiseau qui prône les merveilles [1],
Ce monstre composé de bouches et d'oreilles,
Qui, sans cesse volant de climats en climats,
Dit partout ce qu'il sait et ce qu'il ne sait pas;
La Renommée enfin, cette prompte courrière,
Va d'un mortel effroi glacer la perruquière;
Lui dit que son époux, d'un faux zèle conduit,
Pour placer un lutrin doit veiller cette nuit.
  A ce triste récit, tremblante, désolée,
Elle accourt, l'œil en feu, la tête échevelée,
Et trop sûre d'un mal qu'on pense lui céler :
  Oses-tu bien encor, traitre, dissimuler [2] ?
Dit-elle: et ni la foi que ta main m'a donnée,
Ni nos embrassements qu'a suivis l'hyménée,
Ni ton épouse enfin toute prête à périr,
Ne sauraient donc t'ôter cette ardeur de courir,
Perfide! si du moins, à ton devoir fidèle,
Tu veillois pour orner quelque tête nouvelle!
L'espoir d'un juste gain, consolant ma langueur,
Pourroit de ton absence adoucir la longueur.

---

[1] Enéide, liv. IV, v. 173.

[2] Énéide, liv. IV, v. 305.

Mais quel zèle indiscret, quelle aveugle entreprise
Arme aujourd'ui ton bras en faveur d'une église?
Où vas-tu, cher époux? est-ce que tu me fuis?
As-tu donc oublié tant de si douces nuits?
Quoi! d'un œil sans pitié vois-tu couler mes larmes?
Au nom de nos baisers jadis si pleins de charmes,
Si mon cœur, de tout temps facile à tes désirs,
N'a jamais d'un moment différé tes plaisirs;
Si, pour te prodiguer mes plus tendres caresses,
Je n'ai point exigé ni serments, ni promesses;
Si toi seul à mon lit enfin eus toujours part;
Diffère au moins d'un jour ce funeste départ.
  En achevant ces mots, cette amante enflammée
Sur un placet voisin tombe à demi-pâmée.
Son époux s'en émeut, et son cœur éperdu
Entre deux passions demeure suspendu;
Mais enfin rappelant son audace première:
  Ma femme, lui dit-il d'une voix douce et fière,
Je ne veux point nier les solides bienfaits
Dont ton amour prodigue a comblé mes souhaits;
Et le Rhin de ses flots ira grossir la Loire
Avant que tes faveurs sortent de ma mémoire.
Mais ne présume pas qu'en te donnant ma foi,
L'hymen m'ait pour jamais asservi sous ta loi.
Si le ciel en mes mains eût mis ma destinée,
Nous aurions fui tous deux le joug de l'hyménée,
Et, sans nous opposer ces devoirs prétendus,
Nous goûterions encor des plaisirs défendus.

Cesse donc à mes yeux d'étaler un vain titre :
Ne m'ôte pas l'honneur d'élever un pupitre ;
Et toi-même, donnant un frein à tes désirs,
Raffermis ma vertu qu'ébranlent tes soupirs.
Que te dirai-je enfin? c'est le ciel qui m'appelle.
Une église, un prélat m'engage en sa querelle.
Il faut partir : j'y cours. Dissipe tes douleurs,
Et ne me trouble plus par ces indignes pleurs.
Il la quitte à ces mots. Son amante effarée
Demeure le teint pâle, et la vue égarée :
La force l'abandonne; et sa bouche, trois fois
Voulant le rappeler, ne trouve plus de voix.
Elle fuit, et de pleurs innondant son visage,
Seule pour s'enfermer vole au cinquième étage.
Mais, d'un bouge prochain accourant à ce bruit,
Sa servante Alizon la ratrappe et la suit.
Les ombres cependant, sur la ville épandues,
Du faîte des maisons descendent dans les rues [1],
Le souper hors du chœur chasse les chapelains,
Et de chantres buvants les cabarets sont pleins.
Le redouté Brontin, que son devoir éveille,
Sort à l'instant, chargé d'une triple bouteille
D'un vin dont Gilotin, qui savait tout prévoir,
Au sortir du conseil eut soin de le pourvoir.
L'odeur d'un jus si doux lui rend le faix moins rude.
Il est bientôt suivi du sacristain Boirude ;

---

[1] Virgile, églog. 1, v. 83.

Et tous deux, de ce pas, s'en vont avec chaleur
Du trop lent perruquier réveiller la valeur.
Partons, lui dit Brontin : déjà le jour plus sombre,
Dans les eaux s'éteignant, va faire place à l'ombre.
D'où vient ce noir chagrin que je lis dans tes yeux ?
Quoi ! le pardon sonnant te retrouve en ces lieux !
Où donc est ce grand cœur dont tantôt l'allégresse
Semblait du jour trop long accuser la paresse ?
Marche, et suis-nous du moins où l'honneur nous attend.
  Le perruquier honteux rougit en l'écoutant.
Aussitôt de longs clous il prend une poignée :
Sur son épaule il charge une lourde coignée ;
Et derrière son dos, qui tremble sous le poids,
Il attache une scie en forme de carquois :
Il sort au même instant, il se met à leur tête.
A suivre ce grand chef l'un et l'autre s'apprête :
Leur cœur semble allumé d'un zèle tout nouveau ;
Brontin tient un maillet ; et Boirude un marteau.
La lune, qui du ciel voit leur démarche altière,
Retire en leur faveur sa paisible lumière.
La Discorde en sourit, et, les suivant des yeux,
De joie, en les voyant, pousse un cri dans les cieux.
L'air, qui gémit du cri de l'horrible déesse,
Va jusque dans Cîteaux réveiller la Mollesse.
C'est là qu'en un dortoir elle fait son séjour :
Les Plaisirs nonchalants folâtrent alentour ;
L'un pétrit dans un coin l'embonpoint des chanoines ;
L'autre broie en riant le vermillon des moines :

a Volupté la sert avec des yeux dévots,
't toujours le sommeil lui verse des pavots.
e soir, plus que jamais, en vain il les redouble.
a Mollesse à ce bruit se réveille, se trouble:
uand la Nuit, qui déjà va tout envelopper,
'un funeste récit vient encor la frapper;
Lui conte du prélat l'entreprise nouvelle:
Aux pieds des murs sacrés d'une sainte chapelle,
Elle a vu trois guerriers, ennemis de la paix,
Marcher à la faveur de ses voiles épais:
La Discorde en ces lieux menace de s'accroître;
Demain avec l'aurore un lutrin va paroître,
Qui doit y soulever un peuple de mutins.
Ainsi le ciel l'écrit au livre des destins.

A ce triste discours, qu'un long soupir achève,
La Mollesse, en pleurant, sur un bras se relève,
Ouvre un œil languissant, et, d'une foible voix,
Laisse tomber ces mots qu'elle interrompt vingt fois:
O Nuit! que m'as-tu dit? quel démon sur la terre
Souffle dans tous les cœurs la fatigue et la guerre?
Hélas! qu'est devenu ce temps, cet heureux temps,
Où les rois s'honoroient du nom de fainéants,
S'endormoient sur le trône, et, me servant sans honte,
Laissoient leur sceptre aux mains ou d'un maire ou d'un comte,
Aucun soin n'approchoit de leur paisible cour:
On reposoit la nuit, on dormoit tout le jour.
Seulement au printemps, quand Flore dans les plaines
Faisoit taire des vents les bruyantes haleines,

Quatre bœufs attelés, d'un pas tranquille et lent,
Promenoient dans Paris le monarque indolent.
Ce doux siècle n'est plus. Le ciel impitoyable
A placé sur le trône un prince infatigable.
Il brave mes douceurs, il est sourd à ma voix:
Tous les jours il m'éveille au bruit de ses exploits.
Rien ne peut arrêter sa vigilante audace:
L'été n'a point de feux, l'hiver n'a point de glace.
J'entends à son seul nom tous mes sujets frémir.
En vain deux fois la paix a voulu l'endormir;
Loin de moi son courage, entraîné par la gloire,
Ne se plaît qu'à courir de victoire en victoire.
Je me fatiguerois à te tracer le cours
Des outrages cruels qu'il me fait tous les jours.
Je croyois, loin des lieux d'où ce prince m'exile,
Que l'église du moins m'assuroit un asile.
Mais en vain j'espérais y régner sans effroi:
Moines, abbés, prieurs, tout s'arme contre moi.
Par mon exil honteux la Trappe [1] est ennoblie;
J'ai vu dans Saint-Denis la réforme établie;
Le Carme, le Feuillant, s'endurcit aux travaux;
Et la règle déjà se remet dans Clairvaux.
Cîteaux dormoit encore, et la Sainte-Chapelle
Conservoit du vieux temps l'oisiveté fidèle:

---

[1] Abbaye de Saint-Bernard, dans laquelle l'abbé Armand Bouthillier de Rancé a mis la réforme.

Et voici qu'un lutrin, prêt à tout renverser,
D'un séjour si chéri vient encor me chasser !
O toi, de mon repos compagne aimable et sombre,
A de si noirs forfaits prêteras-tu ton ombre ?
Ah ! Nuit, si tant de fois, dans les bras de l'amour,
Je t'admis aux plaisirs que je cachois au jour,
Du moins ne permets pas... La Mollesse oppressée
Dans sa bouche à ce mot sent sa langue glacée ;
Et, lasse de parler, succombant sous l'effort,
Soupire, étend les bras, ferme l'œil, et s'endort.

CHANT TROISIÈME.

Mais la Nuit aussitôt de ses ailes affreuses
Couvre des Bourguignons les campagnes vineuses,
Revole vers Paris, et, hâtant son retour,
Déjà de Mont-Lhéri voit la fameuse tour [1].
Ses murs, dont le sommet se dérobe à la vue,
Sur la cime d'un roc s'allongent dans la nue,
Et, présentant de loin leur objet ennuyeux,
Du passant qui le fuit semblent suivre les yeux.
Mille oiseaux effrayants, mille corbeaux funèbres,
De ces murs désertés habitent les ténèbres.
Là, depuis trente hivers, un hibou retiré
Trouvoit contre le jour un refuge assuré.
Des désastres fameux ce messager fidèle
Sait toujours des malheurs la première nouvelle,
Et, tout prêt d'en semer le présage odieux,
Il attendoit la Nuit dans ces sauvages lieux.
Aux cris qu'à son abord vers le ciel il envoie,
Il rend tous ses voisins attristés de sa joie.
La plaintive Progné de douleur en frémit;
Et, dans les bois prochains, Philomèle en gémit.

---

[1] Tour très-haute, à cinq lieues de Paris, sur le chemin d'Orléans.

Suis-moi, lui dit la Nuit. L'oiseau plein d'allégresse
Reconnoît à ce ton la voix de sa maîtresse.
Il la suit: et tous deux d'un cours précipité,
De Paris à l'instant abordent la cité;
Là, s'élançant d'un vol que le vent favorise,
Ils montent au sommet de la fatale église.
La Nuit baisse la vue, et, du haut du clocher,
Observe les guerriers, les regarde marcher.
Elle voit le barbier qui, d'une main légère,
Tient un verre de vin qui rit dans la fougère;
Et chacun, tour à tour s'inondant de ce jus,
Célébrer, en buvant, Gilotin et Bacchus.
Ils triomphent, dit-elle, et leur âme abusée
Se promet dans mon ombre une victoire aisée:
Mais allons, il est temps qu'ils connoissent la Nuit.
A ces mots, regardant le hibou qui la suit,
Elle perce les murs de la voûte sacrée;
Jusqu'en la sacristie elle s'ouvre une entrée,
Et, dans le ventre creux du pupitre fatal,
Va placer de ce pas le sinistre animal.
Mais les trois champions, pleins de vin et d'audace,
Du palais cependant passent la grande place;
Et, suivant de Bacchus les auspices sacrés,
De l'auguste chapelle ils montent les degrés.
Ils atteignoient déjà le superbe portique.
Où Ribou le libraire, au fond de sa boutique,
Sous vingt fidèles clefs, garde et tient en dépôt
L'amas toujours entier des écrits de Haynaut:

Quand Boirude, qui voit que le péril approche,
Les arrête, et, tirant un fusil de sa poche,
Des veines d'un caillou [1], qu'il frappe au même instant,
Il fait jaillir un feu qui petille en sortant;
Et bientôt, au brasier d'une mèche enflammée,
Montre, à l'aide du soufre, une cire allumée.
Cet astre tremblotant, dont le jour les conduit,
Est pour eux un soleil au milieu de la nuit.
Le temple à sa faveur est ouvert par Boirude,
Ils passent de la nef la vaste solitude,
Et dans la sacristie entrant, non sans terreur,
En percent jusqu'au fond la ténébreuse horreur.
C'est là que du lutrin gît la machine énorme :
La troupe quelque temps en admire la forme.
Mais le barbier, qui tient les moments précieux :
Ce spectacle n'est pas pour amuser nos yeux,
Dit-il : le temps est cher, portons-le dans le temple ;
C'est là qu'il faut demain qu'un prélat le contemple.
Et d'un bras, à ces mots, qui peut tout ébranler,
Lui-même, se courbant, s'apprête à le rouler.
Mais à peine il y touche [2], ô prodige incroyable!
Que du pupitre sort une voix effroyable.

---

[1] Virg. Géorg. liv. I, v. 135; et Enéide; liv, I, v. 173.

[2] Énéide, liv. III., v. 39.

Brontin en est ému ; le sacristain pâlit;
Le perruquier commence à regretter son lit.
Dans son hardi projet toutefois il s'obstine,
Lorsque des flancs poudreux de la vaste machine
L'oiseau sort en courroux, et, d'un cri menaçant,
Achève d'étonner le barbier frémissant :
De ses ailes dans l'air secouant la poussière,
Dans la main de Boirude il éteint la lumière.
Les guerriers à ce coup demeurent confondus;
Ils regagnent la nef, de frayeur éperdus :
Sous leurs corps tremblotants leurs genoux s'affoiblissent,
D'une subite horreur leurs cheveux se hérissent;
Et bientôt, au travers des ombres de la nuit,
Le timide escadron se dissipe et s'enfuit.

Ainsi lorsqu'en un coin, qui leur tient lieu d'asile,
D'écoliers libertins une troupe indocile,
Loin des yeux d'un préfet au travail assidu,
Va tenir quelquefois un brelan défendu :
Si du veillant Argus la figure effrayante
Dans l'ardeur du plaisir à leurs yeux se présente,
Le jeu cesse à l'instant, l'asile est déserté,
Et tout fuit à grands pas le tyran redouté.

La Discorde, qui voit leur honteuse disgrace,
Dans les airs cependant tonne, éclate, menace,
Et, malgré la frayeur dont leurs cœurs sont glacés,
S'apprête à réunir ses soldats dispersés.
Aussitôt de Sidrac elle emprunte l'image :
Elle ride son front, allonge son visage,

Sur un bâton noueux laisse courber son corps,
Dont la chicane semble animer les ressorts;
Prend un cierge en sa main, et, d'une voix cassée,
Vient ainsi gourmander la troupe terrassée :
Lâches, où fuyez-vous? quelle peur vous abat?
Aux cris d'un vil oiseau vous cédez sans combat!
Où sont ces beaux discours jadis si pleins d'audace?
Craignez-vous d'un hibou l'impuissante grimace?
Que feriez-vous, hélas! si quelque exploit nouveau
Chaque jour, comme moi, vous traînoit au barreau;
S'il falloit, sans amis, briguant une audience,
D'un magistrat glacé soutenir la présence,
Ou, d'un nouveau procès hardi solliciteur,
Aborder sans argent un clerc du rapporteur?
Croyez-moi, mes enfants, je vous parle à bon titre;
J'ai moi seul autrefois plaidé tout un chapitre;
Et le barreau n'a point de monstres si hagards,
Dont mon œil n'ait cent fois soutenu les regards.
Tous les jours sans trembler j'assiégeois leurs passages.
L'Église étoit alors fertile en grands courages :
Le moindre d'entre nous, sans argent, sans appui,
Eût plaidé le prélat, et le chantre avec lui.
Le monde, de qui l'âge avance les ruines,
Ne peut plus enfanter de ces âmes divines [1] :
Mais que vos cœurs, du moins, imitant leurs vertus,
De l'aspect d'un hibou ne soient pas abattus.

---

[1] Iliade, liv. 1. Discours de Nestor.

Songez quel déshonneur va souiller votre gloire,
Quand le chantre demain entendra sa victoire.
Vous verrez tous les jours le chanoine insolent,
Au seul mot de hibou, vous sourire en parlant.
Votre âme, à ce penser, de colère murmure :
Allez donc de ce pas en prévenir l'injure ;
Méritez les lauriers qui vous sont réservés,
Et ressouvenez-vous quel prélat vous servez.
Mais déjà la fureur dans vos yeux étincelle :
Marchez, courez, volez où l'honneur vous appelle.
Que le prélat, surpris d'un changement si prompt,
Apprenne la vengeance aussitôt que l'affront.

En achevant ces mots, la déesse guerrière
De son pied trace en l'air un sillon de lumière ;
Rend aux trois champions leur intrépidité,
Et les laisse tout pleins de sa divinité.

C'est ainsi, grand Condé, qu'en ce combat célèbre [1]
Où ton bras fit trembler le Rhin, l'Escaut et l'Ebre,
Lorsqu'aux plaines de Lens nos bataillons poussés
Furent presque à tes yeux ouverts et renversés,
Ta valeur, arrêtant les troupes fugitives,
Rallia d'un regard leurs cohortes craintives ;
Répandit dans leurs rangs ton esprit belliqueux,
Et força la victoire à te suivre avec eux.

La colère à l'instant succédant à la crainte,
Ils rallument le feu de leur bougie éteinte :

---

[1] En 1648.

Ils rentrent; l'oiseau sort : l'escadron raffermi
Rit du honteux départ d'un si foible ennemi.
Aussitôt dans le chœur la machine emportée
Est sur le banc du chantre à grand bruit remontée.
Ses ais demi-pourris, que l'âge a relâchés,
Sont à coups de maillet unis et rapprochés.
Sous les coups redoublés tous les bancs retentissent;
Les murs en sont émus, les voûtes en mugissent,
Et l'orgue même en pousse un long gémissement.
Que fais-tu, chantre, hélas! dans ce triste moment?
Tu dors d'un profond somme, et ton cœur sans alarmes
Ne sait pas qu'on bâtit l'instrument de tes larmes!
Oh! que si quelque bruit, par un heureux réveil,
T'annonçoit du lutrin le funeste appareil;
Avant que de souffrir qu'on en posât la masse,
Tu viendrois en apôtre expirer dans ta place;
Et, martyr glorieux d'un point d'honneur nouveau,
Offrir ton corps aux clous et ta tête au marteau.
Mais déjà sur ton banc la machine enclavée
Est, durant ton sommeil, à ta honte élevée.
Le sacristain achève en deux coups de rabot;
Et le pupitre enfin tourne sur son pivot.

CHANT QUATRIÈME.

Les cloches, dans les airs, de leurs voix argentines,
Appeloient à grand bruit les chantres à matines ;
Quand leur chef [1], agité d'un sommeil effrayant,
Encor tout en sueur, se réveille en criant.
Aux élans redoublés de sa voix douloureuse,
Tous ses valets tremblants quittent la plume oiseuse :
Le vigilant Girot court à lui le premier.
C'est d'un maître si saint le plus digne officier ;
La porte dans le chœur à sa garde est commise :
Valet souple au logis, fier huissier à l'église.
Quel chagrin, lui dit-il, trouble votre sommeil ?
Quoi ! voulez-vous au chœur prévenir le soleil ?
Ah ! dormez, et laissez à ces chantres vulgaires
Le soin d'aller sitôt mériter leurs salaires.
Ami, lui dit le chantre encor pâle d'horreur,
N'insulte point, de grâce, à ma juste terreur :
Mêle plutôt ici tes soupirs à mes plaintes,
Et tremble en écoutant le sujet de mes craintes.
Pour la seconde fois un sommeil gracieux
Avoit sous ses pavots appesanti mes yeux :

---

[1] Le chantre.

Quand, l'esprit enivré d'une douce fumée,
J'ai cru remplir au chœur ma place accoutumée.
Là, triomphant aux yeux des chantres impuissants,
Je bénissois le peuple, et j'avalois l'encens :
Lorsque du fond caché de notre sacristie
Une épaisse nuée à longs flots est sortie,
Qui, s'ouvrant à mes yeux, dans son bleuâtre éclat
M'a fait voir un serpent conduit par le prélat.
Du corps de ce dragon, plein de soufre et de nitre,
Une tête sortoit en forme de pupitre,
Dont le triangle affreux, tout hérissé de crins,
Surpassoit en grosseur nos plus épais lutrins.
Animé par son guide, en sifflant il s'avance :
Contre moi sur mon banc je le vois qui s'élance.
J'ai crié, mais en vain : et, fuyant sa fureur,
Je me suis réveillé plein de trouble et d'horreur.
Le chantre, s'arrêtant à cet endroit funeste,
A ses yeux effrayés laisse dire le reste.
Girot en vain l'assure, et, riant de sa peur,
Nomme sa vision l'effet d'une vapeur :
Le désolé vieillard, qui hait la raillerie,
Lui défend de parler, sort du lit en furie.
On apporte à l'instant ses somptueux habits,
Où sur l'ouate molle éclate le tabis.
D'une longue soutane il endosse la moire,
Prend ses gants violets, les marques de sa gloire;
Et saisit, en pleurant, ce rochet qu'autrefois
Le prélat trop jaloux lui rogna de trois doigts.

Aussitôt, d'un bonnet ornant sa tête grise,
Déjà l'aumuce en main il marche vers l'église ;
Et, hâtant de ses ans l'importune langueur,
Court, vole, et, le premier, arrive dans le chœur.
O toi qui, sur ces bords qu'une eau dormante mouille,
Vis combattre autrefois le rat et la grenouille [1] ;
Qui, par les traits hardis d'un bizarre pinceau,
Mis l'Italie en feu pour la perte d'un seau [2] ;
Muse, prête à ma bouche une voix plus sauvage,
Pour chanter le dépit, la colère, la rage,
Que le chantre sentit allumer dans son sang
A l'aspect du pupitre élevé sur son banc.
D'abord pâle et muet, de colère immobile,
A force de douleur, il demeura tranquille :
Mais sa voix s'échappant au travers des sanglots
Dans sa bouche à la fin fit passage à ces mots :
La voilà donc, Girot, cette hydre épouvantable
Que m'a fait voir un songe, hélas! trop véritable!
Je le vois ce dragon tout prêt à m'égorger,
Ce pupitre fatal qui me doit ombrager!
Prélat, que t'ai-je fait? quelle rage envieuse
Rend pour me tourmenter ton âme ingénieuse?
Quoi! même dans ton lit, cruel, entre deux draps,
Ta profane fureur ne se repose pas!

---

[1] Homère a fait le poëme de la Guerre des rats et des grenouilles.

[2] *La Secchia rapita*, poëme italien.

O ciel! quoi! sur mon banc une honteuse masse
Désormais me va faire un cachot de ma place!
Inconnu dans l'église, ignoré dans ce lieu,
Je ne pourrai donc plus être vu que de Dieu!
Ah! plutôt qu'un moment cet affront m'obscurcisse,
Renonçons à l'autel, abandonnons l'office;
Et, sans lasser le ciel par des chants superflus,
Ne voyons plus un chœur où l'on ne nous voit plus.
Sortons.... Mais cependant mon ennemi tranquille
Jouira sur son banc de ma rage inutile,
Et verra dans le cœur le pupitre exhaussé
Tourner sur le pivot où sa main l'a placé!
Non, s'il n'est abattu, je ne saurois plus vivre.
A moi, Girot, je veux que mon bras m'en délivre.
Périssons, s'il le faut: mais de ses ais brisés
Entrainons, en mourant, les restes divisés.
A ces mots, d'un main par la rage affermie,
Il saisissoit déjà la machine ennemie,
Lorsqu'en ce sacré lieu, par un heureux hasard,
Entrent Jean le choriste, et le sonneur Girard,
Deux Manseaux renommés, en qui l'expérience
Pour les procès est jointe à la vaste science.
L'un et l'autre aussitôt prend part à son affront.
Toutefois condamnant un mouvement trop prompt
Du lutrin, disent-ils, abattons la machine:
Mais ne nous chargeons pas tout seuls de sa ruine;
Et que tantôt, aux yeux du chapitre assemblé,
Il soit sous trente mains en plein jour accablé.

Ces mots des mains du chantre arrachent le pupitre,
J'y consens, leur dit-il; assemblons le chapitre.
Allez donc de ce pas, par de saints hurlements,
Vous-mêmes appeler les chanoines dormants.
Partez. Mais ce discours les surprend et les glace.
Nous! qu'en ce vain projet, pleins d'une folle audace,
Nous allions, dit Girard, la nuit nous engager!
De notre complaisance osez-vous l'exiger?
Hé! seigneur! quand nos cris pourroient, du fond des rues,
De leurs appartements percer les avenues,
Réveiller ces valets autour d'eux étendus,
De leur sacré repos ministres assidus,
Et pénétrer des lits au bruit inaccessibles;
Pensez-vous, au moment que les ombres paisibles
A ces lits enchanteurs ont su les attacher,
Que la voix d'un mortel les en puisse arracher?
Deux chantres feront-ils, dans l'ardeur de vous plaire,
Ce que depuis trente ans six cloches n'ont pu faire?
Ah! je vois bien où tend tout ce discours trompeur,
Reprend le chaud vieillard: le prélat vous fait peur.
Je vous ai vus cent fois, sous sa main bénissante,
Courber servilement une épaule tremblante.
Hé bien! allez; sous lui fléchissez les genoux:
Je saurai réveiller les chanoines sans vous.
Viens, Girot, seul ami qui me reste fidèle:
Prenons du saint jeudi la bruyante crecelle [1]!

---

[1] Instrument dont on se sert le jeudi-saint au lieu de cloches.

Suis-moi. Qu'à son lever le soleil aujourd'hui
Trouve tout le chapitre éveillé devant lui.
Il dit. Du fond poudreux d'une armoire sacrée
Par les mains de Girot la crecelle est tirée.
Ils sortent à l'instant, et, par d'heureux efforts,
Du lugubre instrument font crier les ressorts.
Pour augmenter l'effroi, la Discorde infernale
Monte dans le palais, entre dans la grand'salle,
Et, du fond de cet antre, au travers de la nuit,
Fait sortir le démon du tumulte et du bruit.
Le quartier alarmé n'a plus d'yeux qui sommeillent;
Déjà de toutes parts les chanoines s'éveillent:
L'un croit que le tonnerre est tombé sur les toits,
Et que l'église brûle une seconde fois [1];
L'autre, encore agité de vapeurs plus funèbres,
Pense être au jeudi-saint, croit que l'on dit ténèbres.
Et déjà tout confus, tenant midi sonné,
En soi-même frémit de n'avoir point dîné.
Ainsi, lorsque tout prêt à briser cent murailles
Louis, la foudre en main, abandonnant Versailles,
Au retour du soleil et des zéphyrs nouveaux,
Fait dans les champs de Mars déployer ses drapeaux;
Au seul bruit répandu de sa marche étonnante,
Le Danube s'émeut, le Tage s'épouvante,
Bruxelle attend le coup qui la doit foudroyer,
Et le Batave encore est prêt à se noyer.

---

[1] Le toit de la Sainte-Chapelle fut brûlé en 1618.

Mais en vain dans leurs lits un juste effroi les presse :
Aucun ne laisse encor la plume enchanteresse.
Pour les en arracher Girot s'inquiétant
Va crier qu'au chapitre un repas les attend.
Ce mot dans tous les cœurs répand la vigilance :
Tout s'ébranle, tout sort, tout marche en diligence.
Ils courent au chapitre, et chacun se pressant
Flatte d'un doux espoir son appétit naissant.
Mais, ô d'un déjeuner vaine et frivole attente !
A peine ils sont assis, que, d'une voix dolente,
Le chantre désolé, lamentant son malheur,
Fait mourir l'appétit et naître la douleur.
Le seul chanoine Évrard, d'abstinence incapable,
Ose encor proposer qu'on apporte la table.
Mais il a beau presser, aucun ne lui répond :
Quand, le premier rompant ce silence profond,
Alain tousse, et se lève, Alain, ce savant homme,
Qui de Bauny vingt fois a lu toute la somme,
Qui possède Abéli, qui sait tout Raconis,
et même entend, dit-on, le latin d'A-Kempis.
N'en doutez point, leur dit ce savant canoniste,
Ce coup part, j'en suis sûr d'une main janséniste.
Mes yeux en sont témoins ; j'ai vu moi-même hier,
Entrer chez le prélat le chapelain Garnier.
Arnauld, cet hérétique ardent à nous détruire,
Par ce ministre adroit tente de le séduire :
Sans doute il aura lu dans son saint Augustin
Qu'autrefois saint Louis érigea ce lutrin ;

Il va nous inonder des torrents de sa plume.
Il faut, pour lui répondre, ouvrir plus d'un volume.
Consultons sur ce point quelque auteur signalé;
Voyons si des lutrins Bauny n'a point parlé:
Étudions enfin, il en est temps encore;
Et, pour ce grand projet, tantôt dès que l'aurore
Rallumera le jour dans l'onde enseveli,
Que chacun prenne en main le moelleux Abéli[1].
  Ce conseil imprévu de nouveau les étonne:
Surtout le gras Évrard d'épouvante en frisonne.
Moi, dit-il, qu'à mon âge, écolier tout nouveau,
J'aille pour un lutrin me troubler le cerveau!
O le plaisant conseil! Non, non, songeons à vivre:
Va maigrir, si tu veux, et sécher sur un livre.
Pour moi, je lis la Bible autant que l'Alcoran:
Je sais ce qu'un fermier nous doit rendre par an;
Sur quelle vigne à Reims nous avons hypothèque:
Vingt muids rangés chez moi font ma bibliothèque.
En plaçant un pupitre on croit nous rabaisser;
Mon bras seul sans latin saura le renverser.
Que m'importe qu'Arnauld me condamne ou m'approuve?
J'abats ce qui me nuit partout où je le trouve:
C'est là mon sentiment. A quoi bon tant d'apprêts;
Du reste déjeunons, messieurs, et buvons frais.

---

[1] Fameux auteur, qui a fait la *Moelle théologique* (*Medulla theologica.*)

Ce discours, que soutient l'embonpoint du visage,
établit l'appétit, réchauffe le courage;
Mais le chantre surtout en paroît rassuré.
ui, dit-il, le pupitre a déjà trop duré.
Allons sur sa ruine assurer ma vengeance :
Donnons à ce grand œuvre une heure d'abstinence;
Et qu'au retour tantôt un ample déjeuner
Long-temps nous tienne à table et s'unisse au dîner.
Aussitôt il se lève, et la troupe fidèle
Par ces mots attirants sent redoubler son zèle.
Ils marchent droit au chœur d'un pas audacieux,
Et bientôt le lutrin se fait voir à leurs yeux.
A ce terrible objet aucun d'eux ne consulte,
Sur l'ennemi commun ils fondent en tumulte,
Ils sapent le pivôt, qui se défend en vain :
Chacun sur lui d'un coup veut honorer sa main.
Enfin sous tant d'efforts la machine succombe,
Et son corps entr'ouvert chancelle, éclate, et tombe.
Tel sur les monts glacés des farouches Gelons [1]
Tombe un chêne battu des voisins aquilons;
Ou tel, abandonné de ses poutres usées,
Fond enfin un vieux toit sous ses tuiles brisées.
La masse est emportée, et ses ais arrachés
Sont aux yeux des mortels chez le chantre cachés.

---

[1] Peuples de Sarmatie, voisins du Borysthène.

CHANT CINQUIÈME.

L'AURORE cependant, d'un juste effroi troublée,
Des chanoines levés voit la troupe assemblée,
Et contemple long-temps, avec des yeux confus,
Ces visages fleuris qu'elle n'a jamais vus.
Chez Sidrac aussitôt Brontin d'un pied fidèle
Du pupitre abattu va porter la nouvelle.
Le vieillard de ses soins bénit l'heureux succès,
Et sur un bois détruit bâtit mille procès.
L'espoir d'un doux tumulte échauffant son courage,
Il ne sent plus le poids ni les glaces de l'âge;
Et chez le trésorier, de ce pas, à grand bruit,
Vient étaler au jour les crimes de la nuit.
Au récit imprévu de l'horrible insolence,
Le prélat hors du lit impétueux s'élance.
Vainement d'un breuvage à deux mains apporté
Gilotin avant tout le veut voir humecté:
Il veut partir à jeun. Il se peigne, il s'apprête;
L'ivoire trop hâté deux fois rompt sur sa tête,
Et deux fois de sa main le buis tombe en morceaux:
Tel Hercule filant rompoit tous les fuseaux.
Il sort demi-paré. Mais déjà sur sa porte
Il voit de saints guerriers une ardente cohorte,

Qui tous, remplis pour lui d'une égale vigueur,
Sont prêts, pour le servir, à déserter le chœur.
Mais le vieillard condamne un projet inutile.
Nos destins sont, dit-il, écrits chez la Sibylle :
Son antre n'est pas loin ; allons la consulter,
Et subissons la loi qu'elle nous va dicter.
Il dit : à ce conseil, où la raison domine,
Sur ses pas au barreau la troupe s'achemine,
Et bientôt, dans le temple, entend, non sans frémir,
De l'antre redouté les soupiraux gémir.

Entre ces vieux appuis dont l'affreuse grand'salle
Soutient l'énorme poids de sa voûte infernale,
Est un pilier fameux [1], des plaideurs respecté,
Et toujours de Normands à midi fréquenté.
Là, sur des tas poudreux de sacs et de pratique,
Hurle tous les matins une Sibylle étique :
On l'appelle Chicane ; et ce monstre odieux
Jamais pour l'équité n'eut d'oreilles ni d'yeux.
La Disette au teint blême, et la triste Famine,
Les Chagrins dévorans, et l'infâme Ruine,
Enfants infortunés de ses raffinements,
Troublent l'air d'alentour de longs gémissements.
Sans cesse feuilletant les lois et la coutume,
Pour consumer autrui, le monstre se consume ;
Et, dévorant maisons, palais, châteaux entiers,
Rend pour des monceaux d'or de vains tas de papiers.

---

[1] Le pilier des consultations.

Sous le coupable effort de sa noire insolence,
Thémis a vu cent fois chanceler sa balance.
Incessamment il va de détour en détour :
Comme un hibou, souvent il se dérobe au jour :
Tantôt, les yeux en feu, c'est un lion superbe;
Tantôt, humble serpent, il se glisse sous l'herbe.
En vain, pour le dompter, le plus juste des rois
Fit régler le chaos des ténébreuses lois :
Ses griffes, vainement par Pussort [1] accourcies,
Se rallongent déjà, toujours d'encre noircies;
Et ses ruses, perçant et digues et remparts,
Par cent brèches déjà rentrent de toutes parts.
Le vieillard humblement l'aborde et le salue;
Et faisant, avant tout, briller l'or à sa vue :
Reine des longs procès, dit-il, dont le savoir
Rend la force inutile, et les lois sans pouvoir,
Toi, pour qui dans le Mans le laboureur moissonne,
Pour qui naissent à Caen tous les fruits de l'automne,
Si, dès mes premiers ans, heurtant tous les mortels,
L'encre a toujours pour moi coulé sur tes autels,
Daigne encor me connoître en ma saison dernière.
D'un prélat qui t'implore exauce la prière.
Un rival orgueilleux, de sa gloire offensé,
A détruit le lutrin par nos mains redressé.

---

[1] M. Pussort, conseiller d'état, est celui qui a le plus contribué à faire le code.

Épuise en sa faveur ta science fatale :
Du digeste et du code ouvre-nous le dédale ;
Et montre-nous cet art, connu de tes amis,
Qui, dans ses propres lois embarrasse Thémis.
  La Sibylle, à ces mots, déjà hors d'elle-même,
Fait lire sa fureur sur son visage blême ;
Et, pleine du démon qui la vient oppresser,
Par ces mots étonnants tâche à le repousser :
  Chantres, ne craignez plus une audace insensée.
Je vois, je vois au chœur la masse replacée :
Mais il faut des combats. Tel est l'arrêt du sort.
Et surtout évitez un dangereux accord.
  Là bornant son discours, encor tout écumante,
Elle souffle aux guerriers l'esprit qui la tourmente ;
Et dans leurs cœurs brûlants de la soif de plaider
Verse l'amour de nuire, et la peur de céder.
  Pour tracer à loisir une longue requête,
A retourner chez soi leur brigade s'apprête.
Sous leurs pas diligents le chemin disparoit,
Et le pilier, loin d'eux, déjà baisse et décroît.
  Loin du bruit cependant les chanoines à table
Immolent trente mets à leur faim indomtable.
Leur appétit fougueux, par l'objet excité,
Parcourt tous les recoins d'un monstrueux pâté ;
Par le sel irritant la soif est allumée :
Lorsque d'un pied léger la prompte Renommée,
Semant partout l'effroi, vient au chantre éperdu
Conter l'affreux détail de l'oracle rendu.

Il se lève, enflammé de muscat et de bile,
Et prétend à son tour consulter la Sibylle.
Évrard a beau gémir du repas déserté,
Lui-même est au barreau par le nombre emporté.
Par les détours étroits d'une barrière oblique,
Ils gagnent les degrés, et le perron antique
Où sans cesse, étalant bons et méchants écrits,
Barbin vend aux passants des auteurs à tout prix [1].
Là le chantre à grand bruit arrive et se fait place,
Dans le fatal instant que, d'une égale audace,
Le prélat et sa troupe, à pas tumultueux,
Descendoient du palais l'escalier tortueux.
L'un et l'autre rival, s'arrêtant au passage,
Se mesure des yeux, s'observe, s'envisage;
Une égale fureur anime leurs esprits:
Tels deux fougueux taureaux [2], de jalousie épris,
Auprès d'une génisse au front large et superbe
Oubliant tous les jours le pâturage et l'herbe,
A l'aspect l'un de l'autre embrasés, furieux,
Déjà le front baissé, se menacent des yeux.
Mais Évrard, en passant, coudoyé par Boirude,
Ne sait point point contenir son aigre inquiétude:
Il entre chez Barbin, et, d'un bras irrité,
Saisissant du Cyrus un volume écarté,

---

[1] Barbin se piquoit de savoir vendre des livres quoique méchants.

[2] Virgile, Géorg. liv. III, v. 215.

Il lance au sacristain le tome épouvantable.
Boirude fuit le coup : le volume effroyable
Lui rase le visage, et, droit dans l'estomac,
Va frapper en sifflant l'infortuné Sidrac.
Le vieillard, accablé de l'horrible Artamène,
Tombe aux pieds du prélat, sans pouls et sans haleine.
Sa troupe le croit mort, et chacun empressé
Se croit frappé du coup dont il le voit blessé.
Aussitôt contre Évrard vingt champions s'élancent;
Pour soutenir leur choc les chanoines s'avancent.
La Discorde triomphe, et du combat fatal
Par un cri donne en l'air l'effroyable signal.
  Chez le libraire absent tout entre, tout se mêle :
Les livres sur Évrard fondent comme la grêle
Qui, dans un grand jardin, à coups impétueux,
Abat l'honneur naissant des rameaux fructueux :
Chacun s'arme au hasard du livre qu'il rencontre :
L'un tient l'Édit d'amour, l'autre en saisit la montre [1];
L'un prend le seul Jonas qu'on ait vu relié;
L'autre un Tasse françois [2], en naissant oublié.
L'élève de Barbin, commis à la boutique,
Veut en vain s'opposer à leur fureur gothique;
Les volumes, sans choix à la tête jetés,
Sur le perron poudreux volent de tous côtés :

---

[1] De Bonnecorse.

[2] Traduction de Le Clerc.

Là, près d'un Guarini, Térence tombe à terre;
Là, Xénophon dans l'air heurte contre un La Serre.
Oh! que d'écrits obscurs, de livres ignorés,
Furent en ce grand jour de la poudre tirés!
Vous en fûtes tirés, Almerinde et Simandre:
Et toi, rebut du peuple, inconnu Caloandre [1],
Dans ton repos, dit-on, saisi par Gaillerbois,
Tu vis le jour alors, pour la première fois.
Chaque coup sur la chaire laisse une meurtrissure:
Déjà plus d'un guerrier se plaint d'une blessure.
D'un Le Vayer épais Giraut est renversé:
Marineau, d'un Brébeuf à l'épaule blessé,
En sent par tout le bras une douleur amère,
Et maudit la Pharsale aux provinces si chère.
D'un Pinchêne in-quarto Dodillon étourdi
A long-temps le teint pâle et le cœur affadi.
Au plus fort du combat le chapelain Garagne,
Vers le sommet du front atteint d'un Charlemagne,
(Des vers de ce poëme effet prodigieux!)
Tout prêt à s'endormir, bâille, et ferme les yeux.
A plus d'un combattant la Clélie est fatale:
Giraut dix fois par elle éclate et se signale.
Mais tout cède aux efforts du chanoine Fabri.
Ce guerrier, dans l'église aux querelles nourri,
Est robuste de corps, terrible de visage,
Et de l'eau dans son vin n'a jamais su l'usage.

---

[1] Roman italien, traduit par Scuderi.

Il terrasse lui seul et Guibert et Grasset,
Et Gorillon la basse, et Grandin le fausset,
Et Gerbais l'agréable, et Guérin l'insipide.
  Des chantres désormais la brigade timide
S'écarte, et du palais regagne les chemins.
Telle, à l'aspect d'un loup, terreur des champs voisins,
Fuit d'agneaux effrayés une troupe bêlante :
Ou tels devant Achille, aux campagnes du Xanthe,
Les Troyens se sauvoient à l'abri de leurs tours.
Quand Brontin à Boirude adresse ce discours :
  Illustre porte-croix, par qui notre bannière
N'a jamais en marchant fait un pas en arrière,
Un chanoine lui seul triomphant du prélat
Du rochet à nos yeux ternira-t-il l'éclat ?
Non, non : pour te couvrir de sa main redoutable [1],
Accepte de mon corps l'épaisseur favorable.
Viens, et sous ce rempart, à ce guerrier hautain
Fais voler ce Quinault qui me reste à la main.
A ces mots, il lui tend le doux et tendre ouvrage.
Le sacristain, bouillant de zèle et de courage,
Le prend, se cache, approche, et, droit entre les yeux,
Frappe du noble écrit l'athlète audacieux.
Mais c'est pour l'ébranler une foible tempête,
Le livre sans vigueur mollit contre sa tête.
Le chanoine les voit, de colère embrasé :
Attendez, leur dit-il, couple lâche et rusé,

---

1 Iliade, liv. VIII. v. 267.

Et jugez si ma main, aux grands exploits novice,
Lance à mes ennemis un livre qui mollisse.
A ces mots il saisit un viel Infortiat [1],
Grossi des visions d'Accurse et d'Alciat,
Inutile ramas de gothique écriture,
Dont quatre ais mal unis formoient la couverture,
Entourée à demi d'un vieux parchemin noir,
Où pendoit à trois clous un reste de fermoir.
Sur l'ais qui le soutient auprès d'un Avicenne [2],
Deux des plus forts mortels l'ébranleroient à peine :
Le chanoine pourtant l'enlève sans effort,
Et, sur le couple pâle et déjà demi-mort,
Fait tomber à deux mains l'effroyable tonnerre.
Les guerriers de ce coup vont mesurer la terre,
Et, du bois et des clous meurtris et déchirés,
Long-temps, loin du perron, roulent sur les degrés.
Au spectacle étonnant de leur chute imprévue,
Le prélat pousse un cri qui pénètre la nue.
Il maudit dans son cœur le démon des combats,
Et de l'horreur du coup il recule six pas.
Mais bientôt rappelant son antique prouesse
Il tire du manteau sa dextre vengeresse ;
Il part, et, de ses doigts saintement allongés,
Bénit tous les passants, en deux files rangés.

---

[1] Livre de droit d'une grosseur énorme.

[2] Auteur arabe.

Il sait que l'ennemi, que ce coup va surprendre,
Désormais sur ses pieds ne l'oseroit attendre,
Et déjà voit pour lui tout le peuple en courroux
Crier aux combattants : Profanes, à genoux !
Le chantre, qui de loin voit approcher l'orage,
Dans son cœur éperdu cherche en vain du courage :
Sa fierté l'abandonne, il tremble, il cède, il fuit.
Le long des sacrés murs sa brigade le suit :
Tout s'écarte à l'instant; mais aucun n'en réchappe;
Partout le doigt vainqueur les suit et les rattrape.
Évrard seul en un coin prudemment retiré,
Se croyoit à couvert de l'insulte sacré :
Mais le prélat vers lui fait une marche droite,
Il l'observe de l'œil; et, tirant vers la droite,
Tout d'un coup tourne à gauche, et d'un bras fortuné
Bénit subitement le guerrier consterné.
Le chanoine, surpris de la foudre mortelle,
Se dresse, et lève en vain une tête rebelle;
Sur ses genoux tremblants il tombe à cet aspect,
Et donne à la frayeur ce qu'il doit au respect.
Dans le temple aussitôt le prélat plein de gloire
Va goûter les doux fruits de sa sainte victoire :
Et de leur vain projet les chanoines punis
S'en retournent chez eux, éperdus, et bénis.

—

CHANT SIXIÈME.

Tandis que tout conspire à la guerre sacrée,
La Piété sincère, aux Alpes retirée[1],
Du fond de son désert entend les tristes cris
De ses sujets cachés dans les murs de Paris.
Elle quitte à l'instant sa retraite divine :
La Foi, d'un pas certain, devant elle chemine;
L'Espérance au front gai l'appuie et la conduit;
Et, la bourse à la main, la Charité la suit.
Vers Paris elle vole, et, d'une audace sainte,
Vient aux pieds de Thémis proférer cette plainte :
  Vierge, effroi des méchants, appui de mes autels,
Qui, la balance en main, règles tous les mortels,
Ne viendrai-je jamais en tes bras salutaires
Que pousser des soupirs et pleurer mes misères!
Ce n'est donc pas assez qu'au mépris de tes lois
L'Hypocrisie ait pris et mon nom et ma voix;
Que, sous ce nom sacré, partout ses mains avares
Cherchent à me ravir crosses, mitres, tiares!
Faudra-t-il voir encor cent monstres furieux
Ravager mes états usurpés à tes yeux!

---

[1] La grande chartreuse est dans les Alpes.

Dans les temps orageux de mon naissant empire,
Au sortir du baptême on courait au martyre.
Chacun, plein de mon nom, ne respiroit que moi :
Le fidèle, attentif aux règles de sa loi,
Fuyant des vanités la dangereuse amorce,
Aux honneurs appelé, n'y montoit que par force :
Ces cœurs, que les bourreaux ne faisoient point frémir,
A l'offre d'une mitre étaient prêts à gémir ;
Et, sans peur des travaux, sur mes traces divines
Couraient chercher le ciel au travers des épines.
Mais, depuis que l'Église eut, aux yeux des mortels,
De son sang en tous lieux cimenté ses autels,
Le calme dangereux succédant aux orages,
Une lâche tiédeur s'empara des courages :
De leur zèle brûlant l'ardeur se ralentit ;
Sous le joug des péchés leur foi s'appesantit :
Le moine secoua le cilice et la haire ;
Le chanoine indolent apprit à ne rien faire ;
Le prélat, par la brigue aux honneurs parvenu,
Ne sut plus qu'abuser d'un ample revenu,
Et pour toutes vertus fit, au dos d'un carrosse,
A côté d'une mitre armorier sa crosse.
L'Ambition partout chassa l'Humilité ;
Dans la crasse du froc logea la Vanité.
Alors de tous les cœurs l'union fut détruite.
Dans mes cloîtres sacrés la Discorde introduite
Y bâtit de mon bien ses plus sûrs arsenaux ;
Traîna tous mes sujets au pied des tribunaux.

En vain à ses fureurs j'opposai mes prières;
L'insolente, à mes yeux, marcha sous mes bannières.
Pour comble de misère, un tas de faux docteurs
Vint flatter les péchés de discours imposteurs;
Infectant les esprits d'exécrables maximes,
Voulut faire à Dieu même approuver tous les crimes.
Une servile peur tint lieu de charité;
Le besoin d'aimer Dieu passa pour nouveauté:
Et chacun à mes pieds, conservant sa malice,
N'apporta de vertu que l'aveu de son vice.
Pour éviter l'affront de ces noirs attentats,
J'allai chercher le calme au séjour des frimats,
Sur ces monts entourés d'une éternelle glace
Où jamais au printemps les hivers n'ont fait place.
Mais, jusques dans la nuit de mes sacrés déserts,
Le bruit de mes malheurs fait retentir les airs.
Aujourd'hui même encor, une voix trop fidèle
M'a d'un triste désastre apporté la nouvelle:
J'apprends que, dans ce temple où le plus saint[1] des rois
Consacra tout le fruit de ses pieux exploits,
Et signala pour moi sa pompeuse largesse,
L'implacable Discorde et l'infâme Mollesse,
Foulant aux pieds les lois, l'honneur et le devoir,
Usurpent en mon nom le souverain pouvoir.
Souffriras-tu, ma sœur, une action si noire?
Quoi! ce temple, à ta porte, élevé pour ma gloire,

---

[1] Saint Louis, fondateur de la Sainte-Chapelle.

Où jadis des humains j'attirois tous les vœux,
Sera de leurs combats le théâtre honteux!
Non, non, il faut enfin que ma vengeance éclate:
Assez et trop long-temps l'impunité les flatte.
Prends ton glaive, et, fondant sur ces audacieux,
Viens aux yeux des mortels justifier les cieux.
  Ainsi parle à sa sœur cette vierge enflammée:
La grâce est dans ses yeux d'un feu pur allumée.
Thémis sans différer lui promet son secours,
La flatte, la rassure, et lui tient ce discours:
  Chère et divine sœur, dont les mains secourables
Ont tant de fois séché les pleurs des misérables,
Pourquoi toi-même, en proie à tes vives douleurs,
Cherches-tu sans raison à grossir tes malheurs?
En vain de tes sujets l'ardeur est ralentie;
D'un ciment éternel ton Eglise est bâtie,
Et jamais de l'enfer les noirs frémissements
N'en sauroient ébranler les fermes fondements.
Au milieu des combats, des troubles, des querelles,
Ton nom encor chéri vit au sein des fidèles.
Crois-moi, dans ce lieu même où l'on veut t'opprimer,
Le trouble qui t'étonne est facile à calmer:
Et, pour y rappeler la paix tant désirée,
Je vais t'ouvrir, ma sœur, une route assurée.
Prête-moi donc l'oreille, et retiens tes soupirs.
  Vers ce temple fameux, si cher à tes désirs,
Où le ciel fut pour toi si prodigue en miracles,
Non loin de ce palais où je rends mes oracles,

Est un vaste séjour des mortels révéré,
Et de clients soumis à toute heure entouré.
Là, sous le faix pompeux de ma pourpre honorable,
Veille au soin de ma gloire un homme incomparable[1]
Ariste, dont le Ciel et Louis ont fait choix
Pour régler ma balance et dispenser mes lois.
Par lui dans le barreau sur mon trône affermie,
Je vois hurler en vain la chicane ennemie :
Par lui la vérité ne craint plus l'imposteur,
Et l'orphelin n'est plus dévoré du tuteur.
Mais pourquoi vainement t'en retracer l'image ?
Tu le connais assez ; Ariste est ton ouvrage.
C'est toi qui le formas dès ses plus jeunes ans :
Son mérite sans tache est un de tes présents.
Tes divines leçons, avec le lait sucées,
Allumèrent l'ardeur de ses nobles pensées.
Aussi son cœur, pour toi brûlant d'un si beau feu,
N'en fit point dans le monde un lâche désaveu ;
Et son zèle hardi, toujours prêt à paroître,
N'alla point se cacher dans les ombres d'un cloître.
Va le trouver, ma sœur : à ton auguste nom,
Tout s'ouvrira d'abord en sa sainte maison.
Ton visage est connu de sa noble famille ;
Tout y garde tes lois, enfants, sœur, femme, fille.
Tes yeux d'un seul regard sauront le pénétrer ;
Et, pour obtenir tout, tu n'as qu'à te montrer.

---

[1] M. de Lamoignon, premier président.

Là s'arrête Thémis. La piété charmée
Sent renaître la joie en son âme calmée.
Elle court chez Ariste; et s'offrant à ses yeux :
Que me sert, lui dit-elle, Ariste, qu'en tous lieux
Tu signales pour moi ton zèle et ton courage,
Si la Discorde impie à ta porte m'outrage?
Deux puissants ennemis, par elle envenimés,
Dans ces murs, autrefois si saints, si renommés,
A mes sacrés autels font un profane insulte,
Remplissent tout d'effroi, de trouble et de tumulte.
De leur crime à leurs yeux va-t'en peindre l'horreur:
Sauve-moi, sauve-les de leur propre fureur.
Elle sort à ces mots. Le héros en prière
Demeure tout couvert de feux et de lumière.
De la céleste fille il reconnoît l'éclat,
Et mande au même instant le chantre et le prélat.
Muse, c'est à ce coup que mon esprit timide
Dans sa course élevée a besoin qu'on le guide,
Pour chanter par quels soins, par quels nobles travaux,
Un mortel sut fléchir ces superbes rivaux.
Mais plutôt, toi qui fis ce merveilleux ouvrage,
Ariste, c'est à toi d'en instruire notre âge.
Seul tu peux révéler par quel art tout-puissant
Tu rendis tout à coup le chantre obéissant.
Tu sais par quel conseil rassemblant le chapitre,
Lui-même, de sa main, reporta le pupitre;
Et comment le prélat, de ses respects content,
Le fit du banc fatal enlever à l'instant.

Parle donc : c'est à toi d'éclaircir ces merveilles.
Il me suffit pour moi d'avoir su par mes veilles,
Jusqu'au sixième chant pousser ma fiction,
Et fait d'un vain pupitre un second Ilion.
Finissons. Aussi bien, quelque ardeur qui m'inspire,
Quand je songe au héros qui me reste à décrire,
Qu'il faut parler de toi, mon esprit éperdu
Demeure sans parole, interdit, confondu.
Ariste, c'est ainsi qu'en ce sénat illustre
Où Thémis, par tes soins, reprend son premier lustre,
Quand, la première fois, un athlète nouveau
Vient combattre en champ clos aux joûtes du barreau,
Souvent sans y penser ton auguste présence
Troublant par trop d'éclat sa timide éloquence,
Le nouveau Cicéron, tremblant, décoloré,
Cherche en vain son discours sur sa langue égaré :
En vain, pour gagner temps, dans ses transes affreuses,
Traîne d'un dernier mot les syllabes honteuses ;
Il hésite, il bégaie ; et le triste orateur
Demeure enfin muet aux yeux du spectateur [1].

---

[1] L'orateur demeurant muet, il n'y a plus d'auditeurs : il reste seulement des spectateurs.

FIN.

www.ingramcontent.com/pod-product-compliance
Ingram Content Group UK Ltd.
Pitfield, Milton Keynes, MK11 3LW, UK
UKHW031934260826
14628UKWH00004B/1615

9 782012 197619